...-MAJOR DE L'ARMÉE

2e Bureau

CONFIDENTIEL

ENSEIGNEMENTS

DE LA

GUERRE RUSSO-JAPONAISE

Annexe à la Note n° 5

**Etablissement des liaisons sur le champ de bataille
(Emploi du télégraphe et du téléphone).**

Décembre 1905

Exemplaire n° .... remis à ....

x. Major de l'Armée

2e Bureau

Janvier 1906

Enseignements

de la

Guerre Russo-Japonaise

Annexe à la Note n° 5

Etablissement des liaisons sur le
champ de bataille

(Emploi du télégraphe et du téléphone)

Sommaire

Fol. V
7377
(5 / II)

Bon à tirer à 10 Exemplaires

Le Commandant

16 /06

Etablissements des liaisons sur le champ de bataille.

(Emploi du télégraphe et du téléphone)

───────

...téristiques du dispositif de liaisons de l'armée japonaise. — Dans la note n° 5, on a décrit le dispositif japonais dont les caractéristiques sont; l'emploi sur une grande échelle des communications électriques, la stabilité des Etats-majors sur le champ de bataille, et leur installation à bonne distance en arrière des troupes.

Ce dispositif a été l'objet d'appréciations très favorables de la part des officiers ayant suivi les opérations des armées japonaises, et en particulier du Général Lombard, Chef de la mission française.

Dans son rapport d'ensemble, parvenu à l'Etat-major de l'armée postérieurement à la rédaction de la note n° 5, M. le Général Silvestre, chef de la mission militaire française du côté russe signale les inconvénients pouvant résulter de l'éloignement du commandement supérieur du champ de bataille.

...servations du G.al Silvestre relatives à l'éloignement du haut commandement du champ de bataille. —

Ce rapport s'exprime ainsi à ce sujet:

"On estimait……

"On estimait que le commandement supérieur n'avait que faire sur le champ de bataille pour juger par lui-même, rester au contact des combattants, saisir les moments favorables, plier en un mot les opérations à la conduite de l'ennemi et aux résultats obtenus.

"Les courts récits qui précèdent font ressortir combien la présence effective du commandement supérieur aurait pu être utile; l'étude détaillée des récits complets des évènements montrera plus entièrement tous les inconvénients d'un commandement à distance, trop complètement centralisé hors des vues du théâtre de la lutte, dans une situation telle qu'il ne pouvait ni sentir battre le pouls de l'armée, ni apprécier nettement les évènements, ni intervenir en temps opportun.

"On a bien dit que les commandants d'armée japonais se sont souvent tenus à une grande distance en arrière de la ligne de combat, et il a paru que de certains côtés, on ait été tenté de présenter cette manière de faire comme bonne à imiter.

"Mais il y a lieu d'observer qu'en aucun cas, la manœuvre japonaise, d'ailleurs toujours la même, n'a trouvé devant elle une manœuvre russe, et que dans aucun cas la manœuvre japonaise ne s'est trouvée en défaut par suite d'une contre-manœuvre de l'adversaire. L'armée russe, immobile dans des positions connues, était en quelque sorte un plastron, et n'exécuta que des parades, jamais de ripostes.

"N'est-il pas juste de penser que si les Russes eussent également manœuvré, le

commandement......

commandement japonais, trop éloigné, eût
été à son tour en défaut ?

"En effet, jamais les Japonais ne pri-
rent les mesures que pouvait provoquer la
retraite, seule manœuvre qu'exécutèrent les
Russes.

"Les Russes ne furent jamais poursuivis ; les Japonais perdirent même plusieurs
fois, sinon souvent ou toujours, le contact
immédiat.

"A Moukden en particulier, avec un
peu de clairvoyance et de décision, le commandement japonais pouvait anéantir tota-
lement l'armée russe.

"On peut croire qu'avec la grande
étendue des champs de bataille et l'invisibilité
des troupes, il est impossible de suivre à la vue
les phases d'un combat.

"Les shrapnels, visibles de très loin, en
fournissent au contraire un moyen qui n'avait
jamais existé jusqu'ici.

"L'expérience a prouvé que par eux
il est possible de se rendre un compte exact
de la marche de l'action, de la densité et de la
situation de l'adversaire, comme il est arrivé
en particulier à Liao Yang (31 Août, 2 Septembre)
et à l'ouest de Moukden.

"Il est donc nécessaire, plus que jamais
peut-être, que le commandement, par tous les
moyens offerts en temps de paix, exerce son
coup d'œil et arrive, par une observation intense,
à l'occasion des manœuvres, à juger une

situation ....

situation au moyen des indices qui resteront apparents sur le champ de bataille.

"L'importance des grandes manœuvres à effectifs considérables a grandi à mesure que la difficulté de recueillir des indices s'est accrue.

"A ce propos, il n'est pas sans inté-rêt de noter ici quelques observations sur la position la plus favorable pour suivre et diriger une action.

"Placé dans l'axe d'un engagement, perpendiculairement au front, on est exposé aux plus graves erreurs sur la marche du combat; placé sur le côté ou obliquement à cet axe, il est possible de s'en rendre un compte exact (exemple à Moukden).

"Un commandant de corps d'armée peut, dans certaines circonstances, rester en station sur un point élevé d'où il embrasse d'un seul coup d'œil tout le terrain occupé par ses troupes.

"Un commandement d'armée ne se trouvera qu'exceptionnellement dans un cas semblable.

"A Liao Yang, il fut possible, d'une tour de la ville, d'embrasser simultanément l'action des X, III et I⁰ʳ corps, et d'obtenir une appréciation juste. Mais pendant les combats du Chaho, ni le point élevé où prit position le Général en Chef près de Tousanko, dans les journées des 11 et 12 octobre, ni le sommet

— dominant ......

dominant de Kouanchen, où il se tint les 14, 15 et 16, ne permettaient d'avoir des vues suffisantes pour recueillir une impression juste et de nature à rendre possible une intervention efficace du commandement.

"A l'Ouest de Moukden, la hauteur de Taouka où le Général Kaulbars stationna les 5 et 6 Mars et pendant la matinée du 7, ne pouvait pas lui permettre de suivre les phases du combat et de le diriger; de là, bien au contraire, absorbé par les seuls faits qui se déroulaient sous ses yeux, il ne porta aucune attention aux événements qui se passaient ailleurs, et ne sut pas pousser en avant la plus grosse partie de ses forces qui restèrent inactives.

"Pour diriger, le chef doit voir afin de juger par lui-même; mais il doit voir tout soit qu'il puisse le voir avec ses propres yeux, soit qu'il emprunte, pour une partie du champ de bataille les yeux d'autres lui-même c'est à dire les yeux d'officiers parfaitement connus de lui, ayant sa confiance et avant tout ayant sa manière de voir et d'apprécier comme lui-même.

"Il faut absolument que dès le temps de paix, les États-majors des commandants d'armée, choisis par eux et complètement organisés, arrivent, par un travail fréquent, sinon constant, des manœuvres et des exercices sur le terrain, à une unité de vues parfaite

à une... ...

à une entente complète sur tous les points

"Sans Moukden, il eut été facile au général Kaulbars de parcourir en deux ou
trois heures tout le front de son armée, et
d'arriver ainsi à une compréhension exacte
de la situation. Il eut alors été en mesure
d'agir utilement et eut évité les reproches qui
lui sont adressés en Russie.

Les Généraux russes ne faisaient pas eux-mêmes la reconnaissance du champ de bataille. -
"Les généraux russes, je l'ai signalé
au cours de mes rapports, ne faisaient pas eux
mêmes la reconnaissance du champ de bataille.
"Le Général Kouropatkine (conséquence
de la conception russe de la bataille, science géo-
métrique) ne profita pas des loisirs que lui
laissait à Liao Yang la lenteur des opérations
pour reconnaître le pays.
"Que d'erreurs eussent pu être évitées
(l'envoi, par exemple, du groupe de l'Est dans les
montagnes, au mois d'Octobre) si le Général
en chef avait connu personnellement les
difficultés du terrain.
"Nombreux seraient les cas à citer où
ces erreurs furent funestes."

Les opinions des Généraux Silvestre et
Lombard paraissant contradictoires, en ce qui
concerne la valeur du dispositif japonais, il
parait utile d'analyser en détail les caractéristiques de ce dispositif afin de se rendre compte de

celles........

celles qui pourraient prêter à la critique.

Ainsi qu'il a été exposé dans la note N°5, ces caractéristiques sont le large emploi des communications électriques, la stabilité des États-majors sur le champ de bataille et leur installation à bonne distance en arrière de la ligne de combat.

3e emploi des communications électriques. —

Les appréciations du Général Silvestre ne semblent pas contredire l'utilité d'un large emploi des communications électriques que signale le général Lombard.

Le rapport d'ensemble du chef de notre mission militaire en Mandchourie (côté russe) pose en principe que le haut commandement ne doit pas rester éloigné du champ de bataille et fait remarquer d'autre part :

1° Que les commandants d'armée ne pourront qu'exceptionnellement embrasser d'un coup d'œil tout le terrain occupé par leurs troupes.

2° Que les commandants de corps d'armée le pourront dans certaines circonstances.

3° Que le point le plus favorable pour juger une action n'est pas sur l'axe perpendiculaire au front, mais sur le côté.

4° Qu'en raison de l'étendue des champs de bataille modernes, les généraux ne pourront tout voir de leurs propres yeux et doivent envoyer sur divers points des officiers de leurs États-majors ayant toute leur confiance.

Aucune de ces observations ne paraît plaider.....

plaider contre un large emploi des communications électriques.

S'ils se rapprochent de la ligne de combat, comme le demande le Général Silvestre, les généraux entreront dans la zone où les liaisons au moyen d'officiers montés paraissent inadmissibles d'après les conclusions de la Commission présidée par le Grand-Duc Serge Mikhaïlovitch (Voir Note N° 5, page 3).

Ne pouvant, la plupart du temps, voir qu'une partie du front, les généraux auraient tout intérêt à disposer d'un réseau électrique poussé très en avant, qui leur donnerait un moyen rapide de communication avec les unités que l'on ne verrait pas de l'observatoire choisi.

Cet observatoire pouvant être placé sur un des flancs de l'unité de commandement, les distances qui le sépareront du flanc opposé seront souvent très considérables et rendront forcément lentes les communications autres que les communications électriques.

Dans un de ses rapports, le Général Silvestre signale que lors de la bataille du Chaho, le Général Stackelberg ne fut pas relié par télégraphe au grand quartier-général, et qu'il dut attendre pendant un jour et demi le retour d'une estafette envoyée au Général Kouropatkine pour demander si l'on pouvait commencer la retraite.

Enfin....

Enfin en poussant très loin en avant les communications électriques, on donnerait aux généraux le moyen de se mettre en relation immédiate avec les officiers de leurs États-Majors qu'ils auraient pu détacher auprès des unités subordonnées comme le propose le Général Silvestre.

A un moment critique où il faudra prendre une décision importante, le Général pourra, au moyen de ces communications, savoir quelle est la situation exacte à ce moment précis, sur tout le front, au lieu de tabler sur des renseignements déjà anciens, et par là même souvent devenus inexacts si l'on emploie des procédés de liaison moins rapides.

...ilité des États-Majors sur le champ de bataille. —

Les observations du Général Silvestre ne semblent pas contredire les avantages signalés par les officiers ayant suivi les opérations de l'armée japonaise comme résultant de la stabilité des États-Majors sur le champ de bataille, stabilité qui facilite le maintien constant des communications de toute nature, en particulier des liaisons électriques.

Il va sans dire que cette stabilité ne semble pas devoir être absolue, mais que les déplacements fréquents doivent être évités.

Si le Général est amené à se déplacer pour se rendre compte par lui-même d'une situation, un réseau très développé de communications

électriques......

électriques lui facilitera grandement les moyens de rester en communications avec l'ensemble du dispositif, soit au moyen d'une ligne téléphonique pouvant le relier au poste primitivement occupé, soit au moyen des postes qu'il trouvera auprès des échelons de commandement subordonnés.

Installation des Etats-Majors à bonne distance en arrière de la ligne de combat. -

C'est cette caractéristique du dispositif japonais qui est critiquée par le Général Silvestre, comme empêchant le haut commandement de sentir battre le pouls de l'armée et d'apprécier nettement les événements.

L'éloignement des Etats-Majors de la ligne de combat leur permet de travailler dans le calme, augmente la sécurité des liaisons de toute nature, et diminue le danger, si fréquent quand on est trop rapproché du front, de se laisser absorber par ce qu'on voit, au détriment de ce que l'on ne voit pas, (le cas du général Kaulbars cité par le Général Silvestre en est un exemple) et les inconvénients de plusieurs commandements superposés sur une partie restreinte du front.

A ces divers titres, il présente de nombreux avantages, mais il peut avoir des inconvénients sérieux, s'il est exagéré au point d'isoler le haut commandement de l'armée, comme cela paraît s'être produit fréquemment dans l'armée russe.

D'après ce qui précède, il semble qu'en cette ......

cette matière, ce soit surtout une question d'appréciation suivant les circonstances, et de juste mesure.

Le Général Silvestre attribue à l'éloignement des généraux japonais le fait que les Russes ne furent généralement pas poursuivis.

Dans son rapport d'ensemble, le Général Lombard explique ce fait par les raisons suivantes :

Caractère méthodique et prudent des généraux japonais.

Manque de cavalerie,

Difficultés de ravitaillement en vivres et en munitions.

Résistance limitée du soldat japonais qui paraît avoir plus d'élan que de fond.

Il est à remarquer que si les Japonais ont fait un large emploi des communications électriques, ils n'ont jamais renoncé aux observations à la vue ; ils les ont même beaucoup développées en donnant aux États-Majors d'excellentes lunettes.

En outre, et contrairement aux pratiques russes signalées par le Général Silvestre, les Généraux et les États-Majors ont toujours eu soin de faire des reconnaissances très complètes du terrain avant tout engagement.

Conclusion.

Les opinions émises dans le rapport d'ensemble du Général Silvestre ne paraissent pas contredire l'utilité de l'emploi sur une

large ....

large échelle des communications électriques réclamé par le Général Lombard, et dont la conséquence semble devoir être une augmentation des compagnies de télégraphistes.

Elles ne paraissent pas non plus incompatibles avec la stabilité des États-Majors sur le champ de bataille, comprise dans le sens de déplacements peu fréquents, et non dans celui d'une immobilité absolue. Ainsi entendue, cette stabilité facilite les liaisons de toute nature, et permet d'être renseigné sur ce qui se passe dans toute l'étendue du champ de bataille.

En ce qui concerne la distance à laquelle doivent se tenir les États-Majors, il semble que ce soit dans chaque cas une question d'appréciation et de juste mesure.

En toutes circonstances, la reconnaissance préalable du champ de bataille par les Généraux et leurs États-Majors paraît indispensable. Quant au large emploi des communications électriques, il a précisément pour objet la transmission, dans un délai aussi court que possible, des renseignements précieux que l'on peut obtenir aux différents échelons du commandement par l'observation du champ de bataille au moyen de fortes lunettes. C'est cette raison qui rend son adoption en principe si désirable.

Vu bon à tirer à 200 exemplaires après corrections

J. Vignal